# Kaitlyn Minerva

Illustrated by
Matt Van Scoyk

by
**Nelly Andrade-Hughes**

Edited by
Carol Gaab

ISBN: 978-1-64498-129-0

Fluency Matters, P.O. Box 11624, Chandler, AZ 85248
info@FluencyMatters.com • FluencyMatters.com

# A Note to the Reader

This story based on Minerva Mirabal's life was inspired by her tenacious pursuit of justice and her refusal to be silent in the face of tyranny. Although the story is historically accurate, some creative license was taken by the author to connect known details.

This book is written strategically and comprehensibly to help learners easily pick up the language while enjoying a compelling and informative read.

The comprehensive glossary lists all words and phrases that are used in the book. In addition, more advanced and complex structures are footnoted at the bottom of the page where each occurs. We suggest you peruse the glossary to identify words you already know and also to familiarize yourself with common words and phrases that are used in the book.

We hope you enjoy reading about Minerva's life and her tremendous impact on the Dominican Republic. We know that you will be inspired by the example of Minerva and her fearless sisters who refused to allow intimidation to silence them.

# About the author

Nelly Andrade-Hughes is an outstanding Spanish teacher, presenter, and author. She has been teaching Spanish at all levels since 2006. She has presented on acquisition-driven activities and strategies at the local, state and national level. Nelly is a sought-after proofreader and creator of many educational materials. She is an advisor of the Spanish Club and Sociedad Honoraria Hispánica at her school and seeks every opportunity to engage students with her beautiful native language.

*Minerva* is Nelly's second Comprehension-based™ Reader. She is also the author of *Selena*.

# Personajes principales

**Enrique Mirabal -** el padre de Minerva y sus hermanas

**Chea Mirabal -** la madre de Minerva

**Las hermanas Mirabal (mayor a menor) -**

**Patria\* -** influenciada por Minerva, se convirtió en activista política

**Dedé -** pacifista más que activitista

**Minerva\* -** prominente activista política que inició una campaña antitrujillista

**María Teresa\* -** influenciada por Minerva, se convirtió en activista política

*las Mariposas* **-** nombre secreto de las tres hermanas activistas antitrujillistas

**Manolo Tavárez -** esposo de Minerva

**Pericles Franco -** autor de *La tragedia dominicana*, activista político, amigo de Minerva

**El general Rafael Trujillo,** *El Jefe* **-** dictador de la República Dominicana

# Índice

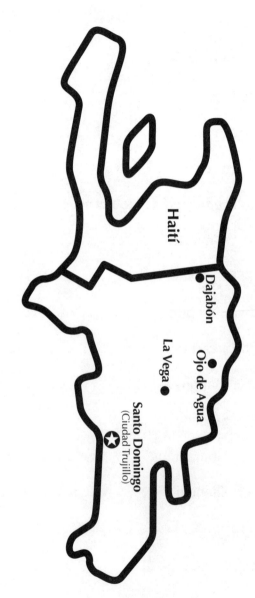

La República Dominicana

Haití

Dajabón

Ojo de Agua

La Vega

Santo Domingo
(Ciudad Trujillo)

# Capítulo 1
## Injusticias

**Ojo de Agua, República Dominicana**
**1937**

Un día, después de clases, Minerva, una niña muy inteligente y valiente de 10 años, caminaba a su casa con sus hermanas Patria y Dedé. Las niñas estaban hablando de lo ocurrido[1] ese día en la escuela cuando, de repente, Minerva escuchó: «¡Buaaaa! No me peguen más, por favor». (escuchar)

[1] lo ocurrido - what had happened

*Minerva* (escuchar)

– ¿Escucharon eso? –exclamó Minerva, mirando a sus hermanas. (exclamar)

– Sí –dijo Patria–, yo también lo escuché. (escuchar)

– ¡Vamos a ver qué está pasando! –les dijo Minerva a sus hermanas. (decir)

– Está bien, pero con precaución –respondió Dedé. (responder)

Las niñas caminaron (caminar) hacia la persona que estaba gritando. «¿Necesita ayuda?», pensaron (pensar). Cuando llegaron (llegar), vieron (ver) que ¡dos chicos grandes le estaban pegando a un niño mucho más pequeño! Los chicos eran compañeros de las hermanas de Minerva. El niño pequeño lloraba mientras los otros dos lo insultaban. Cuando Minerva vio (ver) lo que estaba ocurriendo se puso furiosa: (ponerse)

– ¿¡Qué están haciendo!? ¡No le peguen! ¿No ven que es un niño pequeño?

– ¿Y a ti qué te importa, niña idiota? –le dijo (decir) uno de los dos chicos a Minerva. Después, levantó (levantar) la mano para pegarle otra vez al niño pequeño.

2

Entonces, Minerva se puso mucho más furiosa, agarró una roca y ¡PUM!, le pegó con la roca a uno de los chicos mayores. Él se puso furioso y comenzó a caminar hacia donde estaban Minerva y sus hermanas… pero, en ese momento, Minerva agarró otra roca. ¡PUM! Otra vez le pegó al chico mayor. Furioso, él tomó una roca, levantó la mano y…

– ¡¿Qué ocurre aquí!? –dijo una voz furiosa–. ¡Se van todos a sus casas en este momento!

Sorprendidos, los chicos miraron a la persona que estaba hablando. Era don Enrique Mirabal, el padre de Minerva. Los chicos se pusieron nerviosos y se fueron corriendo.

– Patria..., Dedé..., Minerva…, ¡a la casa! –les dijo su papá–. Y tú, ¿estás bien? –le preguntó al niño pequeño.

– Es obvio que no está bien –respondió Minerva agitada–. ¡Esos chicos le estaban pegando! Papá, necesitas hablar con sus padres, con los profesores de la escuela, con… –decía Minerva cuando su papá la interrumpió.

(interrumpir)

– Minerva, yo sé lo que tengo que hacer. Ustedes necesitan irse para la casa. Yo voy a ir con este niño a su casa y voy a hablar con sus padres.

– Pero, esos niños… ¡Grrrr!, no me gustan las injusticias –dijo Minerva frustrada.

(decir)

– Minerva, todo va a estar bien. Esos niños van a recibir un castigo[2], te lo prometo. Ahora..., ¡a la casa!

(irse)

Minerva y sus hermanas se fueron a su casa. Las niñas estaban furiosas por lo que había ocurrido. A ellas no les gustaban las injusticias ni los abusos, y querían que esos niños recibieran un castigo.

not imperfecto

[2]castigo - punishment

## Capítulo 2
## Luz

**Ojo de Agua y La Vega, República Dominicana**
**1938**

– Patria, Minerva, Dedé, su madre y yo necesitamos hablar con ustedes –dijo su padre.

Las chicas notaron un tono serio en la voz de su
padre y fueron inmediatamente a hablar con él y con su
mamá.

– ¿Sí, papá? –dijo Patria.

– Su madre y yo hemos estado hablando. Uste-
des necesitan una buena educación y Ojo de
Agua no tiene escuelas buenas –dijo el señor
Mirabal.

– Entonces, ¿qué vamos a hacer? –preguntó Minerva con curiosidad.

– Queremos que tú y Patria se vayan a La Vega. Ahí está el Colegio Inmaculada Concepción. Es una escuela excelente –respondió su madre.

– ¿Y yo? –preguntó Dedé sorprendida–. ¿Por qué no me voy a ir con ellas?

– Porque tu hermanita solo tiene 2 años y necesito que me ayudes con ella –le dijo su madre.

– Solo va a ser por unos meses –le dijo el señor Mirabal a Dedé–. Muy pronto vas a estar con tus hermanas... Te lo prometo.

Días después, cuando Patria tenía 14 años y Minerva 12, las dos hermanas se fueron a vivir a La Vega. Llegaron al Colegio Inmaculada Concepción, una escuela primaria y secundaria. Este colegio era un internado[1] para chicas. Minerva estaba muy emocionada porque iba a tener la oportunidad de tomar sus dos clases favoritas: Historia y Literatura, pero estaba todavía más emocionada porque iba a tener más amigas.

❀ ❀ ❀ ❀ ❀

[1]internado - boarding school

Meses después de llegar al Colegio Inmaculada Concepción, Minerva vio a una niña que estaba sola. La niña estaba leyendo un libro enorme.

– Hola –le dijo Minerva a la niña.

– Hola –le respondió la niña con voz tímida.

– Soy Minerva. ¿Cómo te llamas?

– Luz.

– ¿Por qué no estás con las otras estudiantes? –le preguntó Minerva.

– Porque prefiero estar sola. No me gusta hablar con nadie –le respondió Luz.

Esta conversación se repitió una y otra vez[2]. Luz, que también tenía 12 años, era muy introvertida y, como a Minerva, a ella le gustaba mucho leer. Finalmente, un día Luz comenzó a hablar con Minerva, pero fue solo porque Minerva le hizo una pregunta sobre su libro. Poco a poco, las dos niñas se hicieron buenas amigas. Todos los días Minerva y Luz estudiaban para sus clases y hablaban de literatura.

Un día, la directora del colegio reunió a las estudiantes y a los profesores para informarles de un evento que iba a ocurrir en unos meses:

– Les tengo una sorpresa: Nuestro jefe, el presidente Trujillo, va a visitar La Vega en pocos meses. Todas las estudiantes de la Inmaculada Concepción van a participar en el festival en honor a El Jefe.

[2]*una y otra vez - over and over*

– ¡No, no, no, nooooo! –dijo Luz y comenzó a llorar.

– Luz, ¿qué tienes? ¿Por qué lloras? –le preguntó Minerva confundida.

– Yo no puedo ir a ese festival. Yo no quiero ver a ese hombre –le respondió Luz llorando todavía más y salió corriendo como si estuviera escapando de un monstruo.

# Capítulo 3
## Miedo

**La Vega, República Dominicana**
**1938-1939**

Minerva estaba confundida y preocupada por la reacción de Luz, así que decidió ir a su dormitorio. Ella se preguntaba por qué Luz había reaccionado de esa manera cuando escuchó el nombre del presidente Trujillo.

Cuando Minerva entró al dormitorio de Luz, vio que todavía estaba llorando.

– Luz, ¿qué ocurre? ¿Por qué estás así? ¿Por qué lloras? –le preguntó Minerva preocupada.

– Minerva, en este momento no quiero hablar. Necesito estar sola –le respondió Luz.

Minerva no se fue. Quería estar con su amiga… Tenía que saber lo que estaba pasando. Luz lloraba y lloraba, pero, después de varios minutos, finalmente comenzó a hablar:

– ¿Tú no tienes miedo?

– ¿Miedo de qué? –le respondió Minerva confundida.

– ¿No sabes qué tipo de monstruo es El Jefe?

– No sé de qué estás hablando. ¿Por qué dices que el presidente Trujillo es un monstruo? ¿Qué ocurrió? –le preguntó Minerva con curiosidad.

Luz comenzó a llorar otra vez y, por eso, no pudo responder a las preguntas de Minerva inmediatamente. Finalmente, después de varios minutos, le explicó por qué le tenía miedo a Trujillo:

– Yo soy de Dajabón. Muchos haitianos viven ahí porque está al lado de Haití. En octubre de 1937, Trujillo visitó Dajabón y, durante su visita, dijo que los haitianos eran un gran problema para la República Dominicana y que él lo iba a solucionar. Dos días después, mi papá llegó a la casa llorando… ¡LLORANDO! Mi papá nunca lloraba.

«¡No quiero que salgan de la casa!», nos dijo mi padre. Era obvio que él tenía mucho miedo. Nos dijo que muchas tropas de Trujillo habían llegado y que estaban… que estaban… ¡matando a muchos haitianos! Nos dijo que había muertos por todas partes. Que él había querido ayudar a un niño, pero que no había podido.

Mi papá lloraba descontroladamente mientras nos describía lo que estaba pasando. Había visto cómo las tropas mataban a un hombre y ¡tuvo mucho miedo! Así que regresó corriendo a la casa –le dijo Luz a Minerva.

Minerva escuchaba en silencio. No sabía qué pensar. En ese momento tenía miedo, pero también estaba frustrada y muy furiosa.

Pocos meses después de esta conversación, en 1939, Trujillo llegó a La Vega. Todas las estudiantes del Colegio Inmaculada Concepción tenían que ir al festival en honor a El Jefe. Minerva y Luz estaban con el resto de las estudiantes. Muy pronto iban a ir al centro de La Vega. Luz estaba nerviosa. Estaba muy nerviosa. Minerva notó que Luz tenía un papel muy grande en la mano.

– ¿Qué es eso? –le preguntó Minerva a Luz.

– Nada –le respondió Luz.

En ese momento, Minerva agarró el papel que tenía Luz y lo leyó. El papel decía: «TRUJILLO ES UN ASESINO. ¡MUERA TRUJILLO!». Minerva lo vio con horror.

– ¿Qué haces? ¿Quieres que te expulsen de la escuela? ¿Quieres que te arresten o… que te maten? –dijo Minerva.

– ¡No me importa! –le respondió Luz furiosa.

– ¿Y piensas que esta es la solución? A mí tampoco me gustan las injusticias, pero necesitamos ser más inteligentes.

# Capítulo 4
## La respuesta es no

**Ojo de Agua, República Dominicana**
**1939-1946**

Minerva quería saber más sobre las injusticias de Trujillo, así que decidió investigar si había otras historias similares a la de Luz. Minerva habló con otras chicas, pero lo hizo discretamente. Con horror, escuchó historias sobre personas que estaban en prisión –o que fueron asesinadas– por criticar a Trujillo. También escuchó historias sobre chicas que habían visitado la casa presidencial y, después, habían desaparecido. Minerva pudo ver que en la isla estaban ocurriendo muchas injusticias. Esto afectó mucho a Minerva y, por eso, decidió que iba a ayudar a las víctimas de las injusticias del gobierno. Minerva decidió que después de graduarse del Colegio Inmaculada Concepción, iba a estudiar derecho. ¡Iba a ser abogada[1]!

En 1946, cuando Minerva tenía 20 años, se graduó del Colegio Inmaculada Concepción. Ella regresó a Ojo de Agua, pero ya no quería vivir ahí porque quería ir a la universidad.

[1]*abogada - lawyer*

– Por favor, permitan que vaya a la universidad.
Quiero ser abogada –le dijo Minerva a su
madre.

– No. Muchas chicas de Ojo de Agua fueron a la
universidad y tuvieron muchos problemas por
participar en protestas políticas. Hay mucha
violencia en la capital –le respondió su mamá.

– Mamá, eso no tiene nada de malo. Es importante protestar contra las injusticias –dijo Minerva frustrada.

– Minerva, ¡no hables así! ¿No comprendes que tus comentarios pueden tener graves consecuencias para toda la familia? –le dijo su mamá.

– Pero, mamá...

– Minerva, la respuesta es no. La universidad no es un buen sitio para ti. Además, necesitamos que ayudes a tu padre en el negocio –dijo su madre y, en ese momento, Minerva se fue a su dormitorio furiosa.

Días después de esta conversación, Minerva comenzó a ayudar a su padre en el negocio y, durante su tiempo libre, comenzó a leer mucho. Leía libros de filosofía, política, sociología, literatura y psicología. Pasaba horas leyendo.

El negocio del padre de Minerva iba muy bien, tenía muchos clientes y, por eso, necesitaban un carro. Don Enrique no quería conducir, así que tomó una decisión inusual:

– Minerva, necesito que tú conduzcas el carro para que visites a nuestros clientes.

– ¿En verdad quieres que yo conduzca el carro? –le preguntó Minerva sorprendida pero contenta.

– Sí, necesito que una de mis hijas conduzca y pienso que eres la persona ideal para hacerlo –le respondió su padre.

Así que Minerva se convirtió en una de las pocas mujeres de la República Dominicana que sabía conducir. Con el carro, Minerva podía conducir a la ciudad y obtener, en secreto, los libros prohibidos por su madre.

Minerva solo quería leer e ir a la universidad, pero su madre tenía otras ideas.

– Minerva, ya es hora de que pienses en el matrimonio –le dijo su madre–. Muchos hombres han hablado con tu padre porque están interesados en ti.

– Noooo, gracias. A mí no me interesa nadie. Yo solo quiero estudiar derecho y psicología en la universidad –le respondió Minerva.

– Minerva, ya tuvimos esta conversación en el pasado y sabes bien lo que pienso. La universidad no es un buen sitio para personas como tú –le respondió su madre.

Minerva ya no dijo nada, pero ella todavía tenía un objetivo: ir a la universidad…, y estaba decidida a hacerlo.

# Capítulo 5
# El enemigo del gobierno

**Ojo de Agua, República Dominicana**
**1949**

En 1949, Minerva conoció a Pericles Franco. El padre de Pericles fue víctima de persecución política por parte del gobierno de Trujillo. Como resultado, la familia Franco había tenido que exiliarse en Chile. Ahí, Pericles escribió un documento llamado *La tragedia dominicana*, en el que hablaba de las injusticias que existían en la República Dominicana.

Poco después de publicar el documento, Pericles se fue a vivir a Cuba, donde conoció a otros exiliados políticos que también estaban denunciando las injusticias de El Jefe. Como resultado, Trujillo declaró que ese grupo era 'enemigo del gobierno'. Un día, el grupo de exiliados decidió regresar a la República Dominicana para continuar con su lucha. Pero, cuando Pericles y sus amigos llegaron a la isla, fueron arrestados y estuvieron un tiempo en prisión.

Después de salir de prisión, Pericles escuchó hablar de una mujer llamada Minerva Mirabal. Pericles escuchó que Minerva era una mujer diferente y muy valiente, a quien tampoco le gustaban las injusticias ni la dictadura de Trujillo, así que Pericles decidió visitar a un primo que vivía en Ojo de Agua:

– ¿Conoces a una mujer llamada Minerva Mirabal? –le preguntó Pericles a su primo.

– Sí –le respondió su primo–, es una de las hijas de don Enrique Mirabal. ¿Por qué?

– Porque me gustaría conocerla y, para hacerlo,

necesito tu ayuda –le respondió Pericles.

– Minerva y yo tenemos una amiga en común.
Le puedo decir que tú y yo queremos invitarlas
a un picnic –le dijo su primo.

Unos días después, el primo de Pericles, la amiga de
Minerva, Pericles y Minerva planearon un picnic. Como
Minerva tenía carro, decidió conducir. Los cuatro iban
en el carro hacia un sitio perfecto donde pudieran tener
un picnic y conversar, cuando de repente, vieron a un
grupo de militares en Ojo de Agua. Inmediatamente, Pericles se escondió. Todos estaban confundidos porque no

conocían el pasado de Pericles. Minerva continuó conduciendo sin decir nada y, después de unos minutos, Minerva y sus amigos llegaron a su destino.

– ¿Por qué te escondiste cuando vimos a los militares? –le preguntó Minerva a Pericles.

– Porque no quiero que ustedes tengan problemas con ellos –le respondió Pericles.

– ¿Y por qué vamos a tener problemas con ellos? –preguntó Minerva con curiosidad.

– Porque Trujillo me considera enemigo del gobierno dominicano –dijo Pericles.

Pericles habló con Minerva sobre su padre, sobre el exilio en Chile, sobre el tiempo que había pasado en Cuba y sobre los días que pasó en prisión. Minerva estaba fascinada con Pericles... y él con ella. Inmediatamente, hubo una gran atracción física e intelectual entre los dos.

Cada día Minerva pasaba más tiempo con Pericles. Le gustaba hablar con él sobre libros, política y justicia social, pero un día, Minerva recibió una nota:

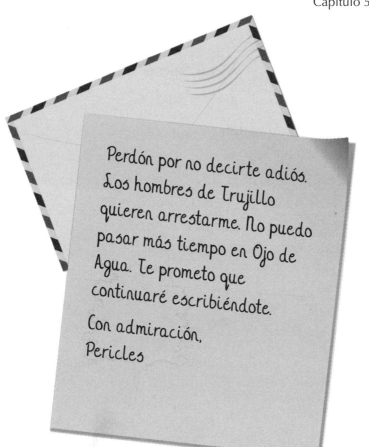

Perdón por no decirte adiós.
Los hombres de Trujillo
quieren arrestarme. No puedo
pasar más tiempo en Ojo de
Agua. Te prometo que
continuaré escribiéndote.

Con admiración,
Pericles

En ese momento Minerva se sintió triste, pero también sintió mucha furia en contra de Trujillo.

# Capítulo 6
## La invitación

**Ojo de Agua, República Dominicana**
**1949**

Pericles y Minerva continuaron escribiéndose. Pericles continuaba luchando contra Trujillo y constantemente tenía que ir de un sitio a otro para que los hombres del dictador no lo arrestaran.

Minerva,

Hoy, los hombres de Trujillo localizaron a unos miembros de nuestro grupo. Mataron a varias personas y otras han desaparecido. Por el momento, yo estoy bien. Como siempre, estoy pensando en ti.

Por favor destruye esta nota.

Con admiración,

Pericles

Minerva estaba furiosa y frustrada por la situación que estaba viviendo su amigo, y por eso estaba determinada a hacer algo para ayudarlo.

Un día, Minerva estaba en su dormitorio cuando un soldado de Trujillo llegó a su casa:

– ¿Es usted el señor Enrique Mirabal? –le preguntó el soldado al padre de Minerva.

– Sí, ¿en qué puedo ayudarle? –le respondió don Enrique.

– El Jefe los invita a usted y a su familia a la fiesta que va a tener en una de sus casas –le informó el soldado.

– Gracias, voy a hablar con mi familia y…

– Le recomiendo que acepte la invitación. El Jefe no acepta un «no» por respuesta –lo interrumpió el soldado muy serio, y se fue.

Toda la familia había escuchado la conversación. La señora Mirabal se puso muy nerviosa y le dijo a su esposo:

– Enrique, ¿qué dice la invitación?

– Nos están invitando a una fiesta especial –le respondió Enrique a su esposa.

– No me gusta nada esta situación. Yo no quiero ir.

– Chea, la invitación dice que todos tenemos que ir.

– ¡Yo no quiero ir! –repitió su esposa.

– Nos están invitando a todos, pero en especial a Minerva –le respondió don Enrique nervioso.

– ¡No! Minerva no va a ir a esa fiesta –dijo Chea Mirabal con miedo.

Meses antes, durante la fiesta de Santiago, Trujillo había visto a Minerva y se había interesado en ella. Todos sabían que era común que Trujillo invitara a mujeres atractivas a sus fiestas y también sabían que… sus intenciones nunca eran buenas.

❀❀❀❀❀

## San Cristóbal, República Dominicana

Aunque la señora Mirabal no quería que su familia fuera a la fiesta, don Enrique dijo que era necesario ir. Él no quería insultar a Trujillo. Así, la noche del 12 de octubre, el señor Mirabal fue a la fiesta sin su esposa Chea. Fue con Dedé, Patria, sus esposos y también con Minerva.

Cuando la familia llegó, le dieron una mesa excelente. Poco después de que llegaron, uno de los hombres de Trujillo invitó a Minerva a bailar. Minerva no quería

bailar, pero aceptó porque sabía que no tenía otra opción. Poco después, Trujillo llegó a donde estaba Minerva y comenzó a bailar con ella.

– Eres una mujer muy atractiva –le dijo Trujillo.

– Gracias… ¿Dónde está su esposa? ¿No está en la fiesta? –le preguntó Minerva.

– No, mi esposa está en la casa. Esta noche estoy solo y… tú también –le dijo Trujillo con voz coqueta[1].

– A mí no me interesan los hombres casados –respondió Minerva con furia en la voz.

Trujillo continuó coqueteando[2] con Minerva, era obvio que sus intenciones no eran buenas. Finalmente, Minerva no pudo resistirse:

– En lugar de coquetear conmigo, ¿por qué no les ordena a sus hombres que le permitan a Pericles Franco continuar con su vida normal? Él

[1]coqueta - flirtacious
[2]coqueteando - flirting

es un chico muy inteligente y preparado –dijo Minerva y, después, se fue hacia su mesa.

Trujillo estaba furioso porque Minerva ya no estaba bailando con él. Quería continuar "hablando" con ella, y caminó hacia la mesa de Minerva. Cuando caminaba hacia la mesa, comenzó a llover[3]. Muchos invitados corrieron hacia la casa para escapar de la lluvia. La fiesta era un caos total y, por eso, Trujillo también decidió entrar a la casa.

Cuando Minerva llegó a su mesa, le explicó a su familia lo que había ocurrido con El Jefe.

– Le dijiste ¿¡QUÉ!? –exclamó el padre de Minerva con horror–. Minerva, ¿qué estabas pensando?

– Perdón, papá, pero ya no podía tolerar su presencia –le respondió Minerva furiosa.

Todos se pusieron nerviosos, así que decidieron usar ese momento de confusión para irse de la fiesta.

[3]comenzó a llover - it began to rain

❀ ❀ ❀ ❀ ❀

En la casa, Trujillo todavía quería continuar hablando con Minerva y, por eso, le preguntó a un soldado:

– ¿Dónde está la señorita Mirabal?

– La vi salir con su familia en su carro hace unos minutos –respondió el soldado.

– ¡Nadie se va de mis fiestas sin mi permiso! –dijo Trujillo furioso.

## Capítulo 7
## El arresto

**Ojo de Agua, República Dominicana**
**1949**

Dos días después de la fiesta de Trujillo, un amigo de don Enrique llegó a la casa de la familia Mirabal.

– Enrique, muchas personas están diciendo que Trujillo está furioso con tu familia. Te recomiendo que le escribas un telegrama y le expliques por qué se fueron de la fiesta. Si no lo haces, tu familia puede tener muchos problemas.

– Gracias, en este momento le voy a escribir el telegrama para explicarle lo que ocurrió –dijo don Enrique nervioso y, después de decirle adiós a su amigo, se fue a su oficina.

# TELEGRAMA

Honorable Presidente Trujillo
Ciudad Trujillo

Respetuosamente presento a Su Excelencia en mi nombre y en el de mi familia nuestras más formales excusas por haber tenido que abandonar el baile por problemas de salud. Me gustaría decirle que para mí y para mi familia sería un honor recibirle en nuestra casa, para demostrarle nuestro afecto y admiración.

Cordialmente,
Enrique Mirabal

Don Enrique pensaba que, con la explicación, todo iba a estar bien. Él todavía no sabía que Trujillo era un monstruo, pero Minerva, su madre y sus hermanas sí lo sabían. Por eso, ellas estaban muy nerviosas. Ellas sabían que podrían tener muchos problemas por lo que Minerva le había dicho a El Jefe.

A los pocos días, unos soldados llegaron a la casa de la familia Mirabal.

– Enrique Mirabal, está arrestado en nombre de Trujillo –dijo uno de los soldados.

– No, no pueden arrestar a mi papá. ¡Él no hizo nada! –dijo Minerva.

El líder de los soldados miró a Minerva, caminó hacia ella y le dijo:

– Señorita Mirabal, le recomiendo que le escriba a El Jefe y que le pida perdón.

– Yo no tengo por qué pedirle perdón a El Jefe.
No hice nada malo –respondió Minerva furiosa.

La respuesta de Minerva no ayudó a nadie. El día en que su padre fue a prisión, los soldados comenzaron a investigar las actividades de Minerva. En poco tiempo, los hombres de Trujillo interceptaron una de las cartas que Pericles Franco le había escrito a Minerva. Como resultado, los soldados de Trujillo regresaron a Ojo de Agua para arrestar a Minerva y a varios de sus amigos.

Inmediatamente, los soldados arrestaron a Minerva y a sus amigos y, por varios días, todos fueron interrogados y humillados. Los soldados querían información sobre Pericles Franco y sobre las actividades antitrujillistas de Minerva, pero no obtuvieron nada. Como resultado, los soldados permitieron que las mujeres regresaran a sus casas. Tristemente, el padre de Minerva no pudo regresar a su casa con su familia.

Días después del arresto, Minerva recibió otra carta de Pericles.

Minerva,

Me informaron que tú y tu padre fueron arrestados. En este momento yo estoy en la embajada de México donde estoy recibiendo protección. Por favor, ¡habla con el embajador! ¡Tú también necesitas protección! Ahora Trujillo te considera su enemiga y yo sé que va a querer matarlos a ti y a tu familia.

Pensando en ti,

Pericles

Después de leer la carta, Minerva pensó que comunicarse con Pericles en el futuro sería muy difícil. Sabía que Pericles quería protegerla, pero Minerva decidió no escucharlo. ¡Ella no iba a escapar! Decidió defender a su padre y a su familia. Decidió continuar luchando contra las injusticias de Trujillo. Esta sería la última vez[1] que Minerva se comunicaría con Pericles.

[1] la última vez - the last time

# Capítulo 8
## Acusaciones

**Ojo de Agua, República Dominicana**
**1950-1951**

Después de un tiempo en prisión, el padre de Minerva regresó a su casa. Cuando llegó, estaba muy mal de salud a causa de la desnutrición y las humillaciones recibidas. Las Mirabal estaban preocupadas por don Enrique, pero tenían una actitud optimista. Pensaban que, como él ya estaba en su casa con su familia, todo iba a estar bien.

Los hombres de Trujillo continuaron atormentando a los Mirabal. Iban constantemente a su casa, los interrogaban y también interrogaban a los clientes del negocio familiar. Esta situación comenzó a afectar la economía de la familia. Don Enrique estaba triste y desesperado. A él no le gustaban las injusticias y sabía que todo eso era una injusticia, así que decidió escribirle una carta al gobernador de la región.

Señor Gobernador,

Le escribo esta carta para decirle que mi hija Minerva no es parte de los grupos antitrujillistas. Ella es una chica buena e inteligente. Mi familia es amiga de El Jefe y siempre lo va a respetar. Si tienen preguntas sobre las actividades de Minerva, yo las puedo responder.

También, me gustaría saber si puedo continuar con mi negocio de 30 años. Lo pregunto porque quiero respetar las decisiones del Señor Presidente.

Su servidor y amigo,
Enrique Mirabal

La carta no funcionó y los hombres de Trujillo continuaron visitando a los Mirabal. Un día, unos vendedores llegaron a la casa de los Mirabal:

– Don Enrique, tenemos un libro sobre la vida de El Jefe –dijo uno de los vendedores–. Solo cuesta $500 pesos. Es un libro para los amigos de Trujillo.

– Muy bien, si me dan el libro, les doy el dinero –respondió don Enrique.

– En este momento no tenemos los libros. Si nos da el dinero ahora, en unos días le daremos el libro –dijo el otro vendedor.

– Ese no es un buen negocio. Si me dan el libro
en este momento, yo les doy el dinero –les respondió don Enrique.

Los hombres se pusieron furiosos con don Enrique y,
al final, se fueron sin recibir ni un centavo del padre de
Minerva. Cuando se fueron, don Enrique se relajó solo
un poco porque no sabía si los hombres lo habían visitado por órdenes oficiales o por motivos personales.

Días después, cuando don Enrique ya no estaba pensando en el incidente de los libros, para su sorpresa, los
hombres de Trujillo llegaron a la casa para arrestarlo:

– Enrique Mirabal, está bajo arresto, acusado de
ser antitrujillista.

– ¡Nooooo! –gritaron las Mirabal llorando.

– No lloren por don Enrique… lloren por ustedes
mismas –les respondió uno de los hombres
cruelmente–. Minerva Mirabal y Chea Mirabal,
ustedes también están acusadas de participar
en actividades antitrujillistas.

No comprar el libro de los hombres, le había causado graves problemas a la familia Mirabal. Después de ser arrestado, don Enrique fue a una prisión donde las condiciones eran inhumanas. Como resultado, don Enrique, que ya tenía problemas cardíacos, se puso muy mal de salud.

Las mujeres Mirabal no fueron a prisión; ellas fueron a un hotel en Ciudad Trujillo. Mientras estaban en el hotel, el gobernador de la región fue a visitarlas:

> – Minerva, si quieres que tu padre y tu madre regresen a tu casa, necesitas visitar a El Jefe en su hotel…, tú sola.

> – ¡Yo no voy! Prefiero suicidarme –le respondió Minerva furiosa.

Minerva estaba decidida. ¡No iba a hablar con Trujillo! Muchas personas, familiares y amigos visitaron a Minerva para convencerla y, finalmente, ella aceptó hablar con El Jefe, pero con una condición: hablarían en su oficina y su madre estaría presente.

Días después, ellas fueron al Palacio Presidencial:

– Señorita, señora, gracias por aceptar mi invitación –dijo Trujillo con un tono sarcástico.

– Gracias por recibirnos –dijo doña Chea.

– ¿Por qué nos han arrestado? ¿De qué se nos acusa? –preguntó Minerva.

– Mis hombres me han informado que usted, señorita Mirabal, está relacionada con un grupo enemigo –respondió Trujillo.

– Entonces, si piensa que eso es verdad, necesita acusarme formalmente. Necesito un juicio legal –le dijo Minerva.

– Muy bien, señorita Mirabal, así será –le respondió Trujillo con odio en la voz.

Días después, Minerva, don Enrique y doña Chea regresaron a su casa en Ojo de Agua. Don Enrique estaba muy mal de salud. Todo el estrés causado por el miedo y por los problemas financieros lo había afectado mucho. La familia Mirabal ya no tenía su negocio. Nadie quería asociarse con los Mirabal porque todos le tenían miedo

a Trujillo. Nadie quería tener problemas con Trujillo por negociar con la familia Mirabal. Don Enrique ya no tenía el respeto de las personas, ya no tenía clientes ni amigos…, ya no tenía nada. Esta situación afectó mucho la salud de don Enrique y por eso su familia estaba muy preocupada por él.

## Capítulo 9
## La carta

**Ciudad Trujillo, República Dominicana**
**1951-1953**

Cada día, la salud y la situación económica de la familia Mirabal se deterioraban más. Minerva estaba muy preocupada por su familia, especialmente por su padre. Ella sabía que Trujillo era el responsable de los problemas que tuvieron con el negocio y, frustrada, pensó en una posible solución:

– Papá, tengo una idea que nos podría ayudar con nuestros problemas de dinero.

– Te escucho –le dijo su padre con dificultad.

– Permite que vaya a Ciudad Trujillo y que estudie derecho en la universidad. Cuando sea abogada, voy a poder ayudar a la familia –le dijo Minerva.

– No, Minerva, ese no es un buen lugar para ti, especialmente en este momento –le respondió don Enrique.

Minerva insistió. Le prometió a su papá que viviría cerca de la universidad, que estudiaría mucho y que no causaría problemas. Le dijo que lo que más quería era ayudar a su familia. Minerva insistió e insistió y, finalmente, su padre aceptó.

En 1952, Minerva Mirabal finalmente llegó a Ciudad Trujillo a estudiar derecho. Ella estaba súper contenta. Durante su primer año, Minerva estudió mucho y se convirtió en una estudiante excepcional. Así, en 1953, Minerva fue a la oficina de la universidad para registrarse en el segundo (2.º) año de derecho, pero la secretaria le dijo que para poder regresar a la universidad tenía que

escribir y leer una carta en honor a Trujillo. ¡El poder de Trujillo había llegado hasta la universidad! Minerva estaba devastada.

Después de ese incidente, Minerva regresó a Ojo de Agua a visitar a su padre, pero no le dijo lo que había ocurrido en la universidad. Minerva habló con sus hermanas sobre lo ocurrido. Todas estaban furiosas. Después de hablar con sus hermanas, Minerva decidió regresar a Ciudad Trujillo para investigar lo que le había pasado en la universidad.

– ¿Saben si todos los estudiantes van a regresar a la escuela de derecho este año? –les preguntó Minerva a sus amigos.

– Sí, todos nos registramos. ¿Por qué? ¿Tú tuviste problemas para registrarte? –le respondió una de sus amigas.

– Porque a mí no me permitieron registrarme. Me dijeron que tenía que escribir y leer una carta en honor a Trujillo –les comentó Minerva.

– ¡Guau! El Jefe realmente te odia. Si yo fuera tú, haría lo que él dice para poder regresar a a la escuela –le dijo otro de sus amigos.

Después de pensarlo mucho, Minerva decidió hacer lo que Trujillo quería. Le escribió una carta y decidió leerla durante el evento en honor a El Jefe, que se celebraría el 24 de octubre de 1953.

> Estamos aquí para celebrar la justicia y el amor, y para darle las gracias a El Jefe por todas las cosas buenas que hace por nuestra isla. La República Dominicana ha sido víctima de mucho sufrimiento y destrucción, pero hoy, gracias a Trujillo, todos podemos vivir tranquilos. Ahora tenemos el privilegio de vivir en una nación libre, católica y económicamente estable, y todo esto es gracias al heroísmo y sacrificio de nuestro Honorable Señor Presidente.

La carta que Minerva escribió y leyó enfrente de varios profesores y estudiantes tuvo buenos resultados. Minerva recibió una carta de la universidad que decía que podía continuar con sus estudios. Minerva estaba contenta porque podía estudiar, pero también estaba furiosa porque sabía que Trujillo había querido humillarla. La furia y el odio de Minerva contra El Jefe se hizo mucho más grande el 14 de diciembre de 1953, el día en que su padre murió. Minerva sabía que Trujillo era el responsable de la muerte de su padre.

## Capítulo 10
## Manolo

**Jarabacoa, República Dominicana**
**1954-1955**

Después de la muerte de don Enrique, Minerva estaba muy triste, así que su tío la invitó a pasar unos días en su casa en Jarabacoa. Minerva aceptó la invitación porque estar en su casa y ver las cosas de su padre hacían que se sintiera más triste.

Minerva fue a Jarabacoa para aclarar su mente y pensar en su futuro. Estaba muy triste y no quería hablar con nadie. Después de unos días, Minerva decidió salir a caminar. Caminaba por la ciudad cuando, de repente, un hombre pasó a su lado:

– Hola, ¿estás bien? –le preguntó el hombre a Minerva.

– Sí, estoy bien –le respondió Minerva con voz triste.

– Nunca te había visto por aquí. Yo me llamo Manolo Tavárez. ¿Cómo te llamas?

– Me llamo Minerva..., Minerva Mirabal –respondió ella.

– Mucho gusto… –dijo el hombre.

Manolo y Minerva comenzaron a hablar. Hablaron por mucho tiempo. Manolo le dijo a Minerva que tenía 22 años y que estaba estudiando derecho en Ciudad Trujillo, donde estudiaba ella. Por varios días, Manolo y Minerva salieron a caminar y pasaron muchas horas hablando. Manolo tenía novia, pero había una gran conexión entre Minerva y él. Era una situación muy difícil para él.

## Ciudad Trujillo, República Dominicana

Después de las vacaciones, Minerva regresó a Ciudad Trujillo, pero no regresó sola. María Teresa, la hermana más pequeña de la familia Mirabal, se fue con Minerva a la universidad para estudiar arquitectura.

Minerva y María Teresa comenzaron a vivir en la casa de una mujer que les rentaba dormitorios a varios estudiantes. La casa estaba muy cerca de la escuela de derecho y también de la casa de Manolo. Todos los días Minerva pasaba frente a la casa de Manolo. En muchas ocasiones, ella fue con Manolo a la universidad porque le gustaba pasar tiempo con él. La atracción entre ellos se hizo cada día más grande, así que Manolo decidió terminar con su novia y comenzar una relación con Minerva. Todo iba muy bien entre ellos, así que Minerva le dijo a Manolo:

– Manolo, ¿te gustaría ir conmigo a Ojo de Agua y conocer a mi familia?

– ¡Sí, me gustaría mucho conocer a tu familia!
–le respondió Manolo emocionado.

Era la primera vez que Minerva invitaba a un hombre a su casa. Minerva les dijo a sus hermanas que Manolo era un hombre inteligente, sensible y muy bueno, y que además odiaba a Trujillo. Era el hombre perfecto para Minerva Mirabal.

Con el tiempo, Minerva, Manolo y María Teresa comenzaron a participar en un grupo antitrujillista formado por varios estudiantes universitarios. Durante sus reuniones secretas, los estudiantes escribían y distribuían documentos con información sobre las injusticias del gobierno de Trujillo. Todos los miembros del grupo tenían nombres falsos y, por eso, a Minerva y a María Teresa les decían 'las Mariposas'. Aunque el grupo era secreto, muchas personas sabían que Minerva y María Teresa eran antitrujillistas. Muchos de los vecinos tenían miedo y no querían que unas antitrujillistas vivieran cerca de ellos, así que hablaron con la señora de la casa y le dijeron que Minerva y su hermana tenían que irse lo más pronto posible.

_Minerva_

– Manolo, si la señora escucha a los vecinos, no sé a dónde nos vamos a ir María Teresa y yo – dijo Minerva.

– ¿Por qué no rentas una casa conmigo? –le preguntó Manolo.

– No, no estamos casados. Mi madre no lo permitiría –le respondió Minerva.

– Ese no es un problema. Minerva Mirabal, ¿quieres ser mi esposa? –le preguntó Manolo románticamente.

– ¡Sí, quiero ser tu esposa! –le respondió Minerva muy contenta.

# Capítulo 11
# Soldados

**República Dominicana**
**1956-1959**

Después de un año de matrimonio, Manolo y Minerva tuvieron su primera hija, y continuaron luchando contra Trujillo. María Teresa, que ya se había casado, también luchaba contra Trujillo al lado de Manolo, Minerva y de su esposo. Como parte de su lucha, organizaban reuniones secretas para informar a las personas de todas las injusticias que estaban sufriendo miles de dominicanos.

En varias ocasiones, Minerva y María Teresa habían hablado con sus otras dos hermanas porque querían que participaran en su lucha, pero ellas tenían miedo por sus familias. Además, Jaimito, el esposo de Dedé, no quería que ella participara en las actividades ilegales de sus hermanas.

Patria no sabía qué hacer, quería ayudar a Minerva y a María Teresa, pero tenía miedo por su esposo y por sus hijos. Patria continuó con su vida normal; pasaba mucho tiempo con sus hijos y también iba a muchos eventos religiosos. Un día, Patria fue a misa.

– Gracias Señor por permitirnos estar todos aquí reunidos –dijo el padre al comenzar la misa.

En ese momento, un grupo de militares armados con rifles entraron a la iglesia:

– Padre, sabemos que usted está ayudando a los enemigos de Trujillo –gritaron los militares.

– Aquí solo hay un grupo de personas que quiere escuchar lo que dice la Biblia –respondió el padre intentando tranquilizar a los hombres.

– Padre, ya no va a ayudar más a los antitrujillistas… Si lo hace, las consecuencias van a ser muy graves –gritó uno de los soldados.

El padre quería tranquilizar a los soldados, así que les habló con voz calmada:

– Señores, aquí no hay antitruj…

En este momento, se escuchó: ¡BANG! ¡BANG! ¡BANG!

Aterrorizadas, las personas comenzaron a correr porque querían escapar de los soldados. ¡BANG! ¡BANG! Patria también corrió. ¡BANG! ¡BANG! Vio que había personas muertas por todas partes. Desesperada, salió corriendo y continuó corriendo hasta que llegó a su casa. Cuando entró a su casa, Patria estaba temblando y llorando.

– Patria, ¿qué pasó? ¿Por qué lloras así? –le preguntó Minerva muy preocupada.

– Soldados… –Patria no podía hablar. Estaba llorando descontroladamente, pero intentó continuar–. Unos soldados entraron a la iglesia, entraron con rifles. Nos acusaron de ser antitrujillistas y, de repente, comenzaron a matar a la gente. Había muertos por todos lados. Tenía mucho miedo y, por eso, me escapé y corrí a la casa.

Al escuchar lo que había ocurrido, Minerva se puso furiosa. ¿Cómo era posible que los hombres de Trujillo fueran tan crueles? Ese día, Patria y su esposo decidieron que participarían con sus hermanas en la lucha contra Trujillo... Ahora ellos también querían terminar con El Jefe.

— Dedé, necesitamos que los niños vivan contigo –le dijeron Minerva, Patria y María Teresa.

— ¿Están seguras de que quieren continuar con esta lucha? Trujillo es muy peligroso y sus hijos las necesitan –les dijo Dedé muy nerviosa.

— Sí, sabemos que es peligroso, pero tenemos que continuar con nuestra lucha. Tenemos que continuar luchando por el futuro de nuestros hijos –le respondió Minerva.

— Tú sabes bien que Trujillo, como lo hizo con papá, va a querer vengarse[1] de la familia. No podemos permitirlo –dijo Patria con firmeza.

[1]vengarse - to get revenge

Dedé aceptó que los hijos de sus hermanas vivieran en su casa mientras ellas continuaban luchando contra la dictadura de Trujillo. Cada día, más y más personas eran parte del grupo secreto de las Mariposas –las hermanas Mirabal– y sus esposos. El grupo comenzó a publicar documentos con los nombres de las personas asesinadas por los hombres de Trujillo. Esto hizo que el dictador odiara más a las hermanas Mirabal.

Minerva y María Teresa ya habían estado en prisión en varias ocasiones, pero no les importaba. También otros miembros del grupo habían sido arrestados, torturados o asesinados, pero las Mariposas continuaban luchando. En poco tiempo, el grupo comenzó a introducir armas a la isla y a hacer bombas. Las Mariposas estaban decididas... ¡su lucha no sería en vano!

# Capítulo 12
## Liberación

**República Dominicana**
**1960**

Aunque las Mariposas sabían que Trujillo era un enemigo peligroso, continuaron con su lucha. Continuaron publicando documentos sobre las torturas, los asesinatos y las desapariciones. Poco a poco, la información llamó la atención internacional. Después de varios años luchando, los reportes de la opresión y la violencia por fin habían llamado la atención de varias organizaciones humanitarias internacionales. A Trujillo no le gustó nada que esas organizaciones internacionales quisieran investigar lo que estaba ocurriendo en su isla.

Como resultado de la presión internacional, Trujillo ordenó que arrestaran a Minerva, a María Teresa, a Patria y a sus esposos. El dictador quería terminar con todos ellos y también con su movimiento. El 18 de mayo de 1960, las hermanas Mirabal y sus esposos fueron juzgados por atentar[1] contra la seguridad del estado dominicano. Los seis fueron condenados a 3 años de prisión, e inmediatamente después, todos fueron a prisiones terribles donde sufrieron abusos físicos y mentales.

Un día, para sorpresa de todos, unos agentes de la OEA[2] (Organización de los Estados Americanos) visitaron a Minerva y a María Teresa en prisión:

> – Señoritas Mirabal, estamos aquí para que nos informen sobre los abusos físicos o mentales que sufren las prisioneras –les dijo uno de los agentes de la OEA.

[1]*juzgados por atentar - tried (in court) for threatening*
[2]*OEA - an organization of countries in the Western Hemisphere*

– No, señor, aquí nadie sufre abusos físicos ni mentales –le respondió María Teresa mientras observaba a los guardias que estaban escuchando la conversación.

– ¿Están seguras de que todo está bien? –preguntó otro de los agentes.

– Sí, todo está bien –respondió Minerva mientras les daba una nota en secreto. En la nota, las Mariposas hablaban de todos los abusos y torturas que estaban sufriendo.

Después de visitar a las Mirabal, los agentes de la OEA fueron a hablar con Trujillo y lo presionaron para que dejara en libertad[3] a las hermanas Mirabal. Los agentes le dijeron que, si no lo hacía, la República Dominicana sufriría consecuencias: «Deje a las Mirabal en libertad, sin más abusos, o les vamos a imponer sanciones».

Trujillo estaba furioso y decidió llamar al general Pupo Román, uno de sus hombres más peligrosos:

[3]*dejara en libertad - set free*

– General, necesitamos un plan para terminar con las hermanas Mirabal. Quiero que tus hombres las maten, pero necesito que todos piensen que fue un accidente.

– Jefe, un accidente en prisión sería muy sospechoso. Necesitan sufrir "el accidente" fuera de la prisión, sería más fácil así –le dijo el general.

– Me gusta su idea, general. Si ellas salen de prisión, la OEA y los dominicanos podrán ver que soy un hombre generoso y justo –respondió Trujillo.

Así, el 9 de agosto de 1960, Minerva, Patria y María Teresa Mirabal fueron liberadas y sus esposos fueron trasladados a Salcedo, una prisión que estaba más cerca de su casa. No había ninguna explicación del porqué habían liberado a las hermanas Mirabal, ni tampoco del porqué habían transferido a sus esposos a la prisión que estaba más cerca de su casa. Las hermanas sospechaban que todo era una trampa[4] de Trujillo.

[4]trampa - trap

Un día, las hermanas Mirabal recibieron una nota oficial:

Señoras Mirabal:

El Jefe quiere informarles que ya pueden visitar a sus esposos en la prisión de Salcedo.
Favor de respetar los horarios indicados a continuación:
De 12 p. m. a 9 p. m. de lunes a viernes
De 8 a. m. a 8 p. m. sábados y domingos

Atentamente,
MGR, Oficina de Seguridad Nacional
Grl. Juan Pérez, director de la prisión de Salcedo

Esta nota hacía que todo fuera más sospechoso y, por eso, las Mirabal estaban muy nerviosas.

– Esta situación no me gusta nada –les dijo Dedé a sus hermanas–. Trujillo es un hombre peligroso y tengo la sospecha de que este es uno de sus planes.

– Es posible –le respondió Minerva–, pero necesitamos ver a nuestros esposos.

Así, Minerva y sus hermanas decidieron visitar a sus esposos. Sabían que sería peligroso, pero estaban decididas a hacerlo. Nerviosas, Minerva, Patria y María Teresa fueron con sus hijos a visitar a sus esposos a la prisión de Salcedo.

– Minerva, he escuchado rumores. Dicen que Trujillo quiere matarlas. Es peligroso que nos visiten –le dijo su esposo nervioso.

– Con Trujillo controlando la isla, todo es peligroso –le respondió Minerva.

Las Mirabal pasaron una hora con sus esposos en la prisión. Después de la visita, salieron con sus hijos en dirección a Ojo de Agua. Estaban conduciendo cuando, de repente, un vehículo intentó detener el carro de las hermanas, pero inexplicablemente, se fue muy rápido.

– ¿Quién era? –le preguntó María Teresa.

– Me imagino que eran unos oficiales de Trujillo. Quieren intimidarnos –le respondió Minerva.

– No, Minerva, quieren... ¡matarnos!

# Capítulo 13
## Silencio

**Ciudad Trujillo
1960**

– General Román, ¿qué pasó? –le preguntó El Jefe, furioso–. ¿Por qué no las mataron?

– Jefe, el capitán Torres dice que había niños en el carro.

– ¡No me importa! –gritó Trujillo furioso–. Las quiero muertas –le dijo Trujillo con firmeza.

– Sí, Jefe –le respondió el general Román, e inmediatamente salió de la oficina del dictador.

– Capitán Torres, tengo una orden para usted –le dijo el general Pupo Román–. Las hermanas Mirabal tienen que morir. Ya tuvo dos oportunidades de matarlas. Intercepten el carro cuando vayan a visitar a sus esposos. No importa quienes sean las víctimas del... digamos[1]... accidente. ¡Mátenlas!

– Sí, mi general –le respondió el capitán Torres.

– Capitán –le dijo el general con un tono serio–, no va a tener otra oportunidad.

El capitán salió de la oficina. Sabía que si no mataba a las hermanas Mirabal, el general lo mataría a él.

El 25 de noviembre de 1960, Patria, Minerva y María Teresa salieron de su casa con Rufino de la Cruz, su chofer. Fueron a visitar a sus esposos y, de regreso a casa, mientras pasaban por el puente[2] Marapica, el carro fue interceptado por varios hombres armados:

– Salgan del carro en este momento –ordenaron los hombres.

Inmediatamente, las tres hermanas Mirabal y su chofer salieron del carro.

[1]*digamos - let's say*
[2]*puente - bridge*

– ¡Sepárenlos y mátenlos a todos! –les ordenó el capitán a sus hombres.

Uno de los hombres agarró a María Teresa y desapareció con ella.

– ¡NOOOO! Minerva… –gritó María Teresa desesperada.

Minerva comenzó a llamar a su hermana pero, en ese momento, uno de los hombres la agarró por el cuello y comenzó a estrangularla. Poco después, hubo un silencio total. Los cuatro habían sido estrangulados.

– Mi capitán –dijo uno de los soldados–, los cuatro están inconscientes. ¿Qué quiere que hagamos ahora?

– Agarren esos palos[3]. Las marcas van a ser parte del "accidente" –respondió el capitán sarcásticamente.

Los hombres de Trujillo agarraron los palos y comenzaron a pegarles. Les pegaron repetida y violentamente... hasta que los mataron.

– Agarren los cadáveres. Necesitamos transportarlos en su carro. ¡Ahora! –ordenó el capitán.

Los hombres agarraron los cadáveres de Minerva, Patria, María Teresa y Rufino, los pusieron en el carro, y los transportaron hasta un barranco[4]. Querían que todos pensaran que su muerte había sido un accidente:

[3]*palos - sticks*
[4]*barranco - ravine; cliff*

– Hora de desaparecer, Mariposas –dijeron los
hombres sarcásticamente mientras el carro
desaparecía en el barranco.

# Epílogo

Cuando la gente de la República Dominicana escuchó que los hombres de Trujillo habían matado brutalmente a las hermanas Mirabal, todos se pusieron furiosos y también nerviosos. Era obvio que ya no estaban seguros en la isla. Ahora sabían que el régimen de Trujillo era monstruoso; ahora la violencia, las torturas, las desapariciones y los asesinatos tenían nombres: Patria, Minerva, María Teresa.

Después del asesinato de las hermanas Mirabal, Trujillo pensó que había eliminado el problema, pero en realidad, la muerte de las Mariposas fue lo que terminó con su régimen de terror. Cada día más dominicanos comenzaban a defender los ideales de las Mariposas, y cada día más personas estaban luchando contra el dictador.

El 30 de mayo de 1961, mientras iba de Ciudad Trujillo (Santo Domingo) a San Cristóbal, el carro en el que viajaba El Jefe fue interceptado por sus enemigos. El carro recibió más de 60 impactos de bala[1] de diferentes calibres. Trujillo recibió 7 impactos de bala y murió durante el ataque. Su chofer, Zacarías de la Cruz, también recibió varios impactos de bala, pero no murió. Días después, De la Cruz fue interrogado y reveló los detalles del ataque. El chofer de Trujillo murió muchos años después. Murió cuando tenía 93 años.

Horas después del asesinato de Trujillo, su hijo Ramfis, que estaba en París, llegó a la República Dominicana para tomar el control de la situación. Ramfis ordenó que se capturara a los responsables de la muerte de su padre: el general Juan Tomás Díaz (retirado del ejército en

[1]bala - bullet

1960), José Román Fernández (secretario de las fuerzas armadas), Antonio de la Maza (que tenía un hermano que fue asesinado por orden de Trujillo) y Amado García, (teniente en la escolta[2] personal del dictador), fueron arrestados, torturados o asesinados.

Ramfis no tuvo el control por mucho tiempo. El 19 de noviembre de 1961, hubo un conflicto militar en la República Dominicana llamado 'La Rebelión de los Pilotos'. Esta rebelión militar, más las presiones internacionales, hicieron que Ramfis y el resto de la familia Trujillo decidieran abandonar la isla.

El 20 de noviembre de 1962, después de más de 3 décadas del régimen de Trujillo, la República Dominicana tuvo sus primeras elecciones democráticas. Después de estas elecciones, Juan Bosch se convirtió en el primer presidente de la República Dominicana.

En 1981, la Organización de las Naciones Unidas (ONU) designó el 25 de noviembre, el día del asesinato de las hermanas Mirabal, como Día Internacional de la Eliminación de la Violencia contra la Mujer.

[2]*escolta - security detail*

# Glosario

## A

**a** - to

**abandonar** - to abandon, to leave

**abogada** - lawyer

**abusos** - abuses

**accidente** - accident

**acepta** - s/he accepts

**aceptar** - to accept

**(que) acepte** - (that) s/he accepts

**aceptó** - s/he accepted

**aclarar** - to clear

**actitud** - attitude

**actividades** - activities

**acusa** - s/he accuses

**acusadas** - accused

**acusado** - accused

**acusarme** - to accuse me

**acusaron** - they accused

**además** - besides, also

**adiós** - goodbye

**admiración** - admiration

**afectado** - affected

**afectar** - to affect

**afecto** - affection

**afectó** - affected

**agarraron** - they grabbed

**agarren** - grab

**agarró** - s/he grabbed

**agentes** - agents

**agitada** - agitated

**agosto** - August

**ahí** - there

**ahora** - now

**al** - to the

**algo** - something

**al lado de** - next to

**altísimo** - highness

**americanos** - American

**amiga(s)** - friend(s)

**amigo(s)** - friend(s)

**amor** - love

**antes** - before

**antitrujillista(s)** - anti-Trujillo

**año(s)** - year(s)

**aquí** - here

**armadas** - armed

**armados** - armed

**armas -** weapons

**arquitectura -** architecture

**arrestado(s) -** arrested

**arrestar -** to arrest

**(que) arrestaran -** (that) they would arrest

**arrestarlo -** to arrest him

**arrestarme -** to arrest me

**arrestaron -** they arrested

**(que) arresten -** they arrest

**(bajo) arresto -** (under) arrest

**asesinadas -** murdered, assassinated

**asesinado(s) -** murdered, assassinated

**asesinato(s) -** murder(s), assassination(s)

**asesino -** murderer, assassin

**así (que) -** so, thus

**asociarse -** to associate

**ataque -** attack

**atención -** attention

**atentamente -** attentively

**atentar contra -** to attempt against, to attack

**aterrorizada -** terrified

**atormentando -** tormented

**atracción -** attraction

**atractiva(s) -** attractive

**aunque -** even though

**ayuda -** help

**ayudando -** helping

**ayudar -** to help

**ayudarle -** to help you

**ayudarlo -** to help him

**(que) ayudes -** (that) you help

**ayudó -** helped

# B

**bailando -** dancing

**bailar -** to dance

**baile -** dance

**bala -** bullet

**barranco -** cliff

**Biblia -** Bible

**bien -** well, all right

**bombas -** bombs

**brutalmente -** brutally

**buaaaa -** waah!

**buen -** good

**buena(s) -** good

**bueno(s) -** good

# C

**cada** - each

**cadáveres** - cadavers

**calibres** - caliber

**calmada** - calmed

**caminaba** - s/he was walking

**caminar** - to walk

**caminaron** - they walked

**caminó** - s/he walked

**caos** - chaos

**capital** - capital

**capitán** - captain

**(que) se capturara** - (that) he capture

**cardíacos** - cardiac

**carro** - car

**carta(s)** - letter(s)

**casa(s)** - house(s)

**casado(s)** - married

**castigo** - punishment

**católica** - Catholic

**(a) causa de** - because of

**causado** - caused

**causaría** - would cause

**celebrar** - to celebrate

**celebraría** - s/he would celebrate

**centavo** - cent

**centro** - center

**cerca** - close

**chica(s)** - girl(s)

**chico(s)** - boy(s)

**chofer** - driver, chauffeur

**ciudad** - city

**clases** - classes

**clientes** - clients

**colegio** - school

**comentarios** - comments

**comentó** - commented

**comenzaban** - started

**comenzar** - to start

**comenzaron** - they started

**comenzó** - s/he; it started

**como** - like, as

**cómo** - how

**compañeros** - classmates

**comprar** - to buy

**comprendes** - you understand

**común** - common

**(se) comunicaría** - would communicate

**comunicarse** - to communicate

**con** - with

**condenados** - convicted

**condición** - condition

**condiciones** - conditions

**conducían** - they were driving

**conduciendo** - driving

**conducir** - to drive

**(que) conduzca** - (that) s/he, I drive

**(que) conduzcas** - (that) you drive

**conflicto** - conflict

**confundida** - confused

**confundidos** - confused

**confusión** - confusion

**conmigo** - with me

**conocer** - to meet

**conocerla** - to meet her

**conoces** - you know

**conocían** - they knew

**conoció** - s/he met

**consecuencias** - consequences

**considera** - considers

**constantemente** - constantly

**contenta** - happy

**contigo** - with you

**continuaba** - s/he continued

**continuaban** - they continued

**continuación** - continuation

**continuar** - to continue

**continuaré** - I will continue

**continuaron** - they continue

**continuó** - s/he continued

**contra** - against

**control** - control

**controlando** - controlling

**convencerla** - to convince her

**conversación** - conversation

**conversar** - to converse, to talk

**(se) convirtió** - s/he became

**coqueta** - coquette, flirtatious

**coqueteando** - flirting

**coquetear** - to flirt

**cordialmente** - cordially

**correr** - to run

**corrí** - I ran

**corriendo** - running

**corrieron** - they ran

**corrió -** s/he ran

**cosas -** things

**criticar -** to criticize

**crueles -** cruel

**cruelmente -** viciously

**cuando -** when

**cuatro -** four

**cuello -** neck

**cuesta -** it costs

**curiosidad -** curiosity

# D

**da -** you give

**daba -** s/he was giving

**dan -** they give

**daremos -** we will give

**darle -** to give him

**de -** of

**décadas -** decades

**decía -** s/he, it said

**decían -** they said

**decidida(s) -** decided, determined

**decidieran -** they decided

**decidieron -** they decided

**decidió -** s/he, it decided

**decir -** to say, to tell

**decirle -** to tell him/her

**decirte -** to tell you

**decisión -** decision

**decisiones -** decisions

**declaró -** s/he declared

**defender -** to defend

**(que) dejara en libertad -** (that) s/he set free

**deje en libertad -** free

**del -** of the; from the

**democráticas -** democratic

**demostrarle -** to show him

**denunciando -** denouncing

**derecho -** law

**desaparecer -** to disappear

**desaparecía -** it was disappearing

**desaparecido -** disappeared

**desapareció -** s/he disappeared

**desapariciones -** disappearances

**descontroladamente -** uncontrollably

**describía -** s/he was describing

**desesperada(s) -** desperate

**desesperado -** desperate

**designó** - named, assigned

**desnutrición** - malnutrition

**después** - after, later

**destino** - destiny

**destrucción** - destruction

**detalles** - details

**detener** - to stop

**(se) deterioraban** - they were deteriorating

**determinada** - determined

**devastada** - devastated

**día(s)** - day(s)

**dice** - s/he says

**dicen** - they say

**dices** - you say

**(había) dicho** - (s/he had) said

**diciembre** - December

**diciendo** - saying

**dictador** - dictator

**dictadura** - dictatorship

**dieron** - they gave

**diferente(s)** - different

**difícil** - difficult

**dificultad** - difficulty

**digamos** - let's say

**dijeron** - they said

**dijiste** - you said

**dijo** - s/he said

**dinero** - money

**dirección** - direction

**director** - director

**directora** - principal

**discretamente** - discreetly

**distribuían** - they distributed

**documento(s)** - document(s)

**domingo(s)** - Sunday(s)

**dominicana** - Dominican

**dominicano(s)** - Dominican(s)

**don** - Sir, Mr.

**donde** - where

**dónde** - where

**doña** - Mrs.

**dormitorio(s)** - bedroom(s)

**dos** - two

**doy** - I give

**durante** - during

# E

**e** - and

**economía** - economy

**económica** - financial, economic

**económicamente** - economically, financially

**educación** - education

**ejército** - army

**el** - the

**él** - he

**elecciones** - elections

**eliminación** - elimination

**eliminado** - eliminated

**ella** - she

**ellas** - they

**ellos** - they

**embajada** - embassy

**embajador** - ambassador

**emocionada** - excited

**emocionado** - excited

**en** - in, on

**enemiga** - enemy

**enemigo** - enemy

**enemigos** - enemies

**enfrente** - in front

**enorme** - enormous, huge

**entonces** - then

**entrar** - to enter

**entraron** - they entered

**entre** - between

**entró** - s/he entered

**era** - s/he, it was

**eran** - they were

**eres** - you are

**es** - s/he, it is

**esa** - that

**esas** - those

**escapando** - escaping

**escapar** - to escape

**escapé** - I escaped

**escolta** - guard

**(se) escondió** - s/he hid

**(te) escondiste** - you hid

**(que) escriba** - (that) you write

**(que) escribas** - (that) you write

**escribían** - they would write

**escribiéndose** - writing each other

**escribiéndote** - writing to you

**escribió** - s/he wrote

**escribir** - to write

**escribirle** - to write to him/her

**escribo** - I write

**escrito** - written

**escucha** - listen

**escuchaba** - was listening, listened

**(he) escuchado** - (I have) heard

**escuchando** - listening

**escuchar** - to listen, to hear

**escucharlo** - to listen to him

**escucharon** - they heard

**escuché** - I heard

**(te) escucho** - I'm listening (to you)

**(se) escuchó** - was heard

**escuela(s)** - school(s)

**ese** - that

**eso** - that

**esos** - those

**especial** - special

**especialmente** - specially

**esposa** - wife

**esposo** - husband

**esposos** - husbands, spouses

**esta** - this

**está** - you are; s/he, it is

**estaba** - s/he, it was

**estaban** - they were

**estabas** - you were

**estable** - stable

**(hemos) estado** - (we have) been

**estados** - states

**estamos** - we are

**están** - they are

**estar** - to be

**estaría** - s/he would be

**estas** - these

**estás** - you are

**este** - this

**esto** - this

**estoy** - I am

**estrangularla** - to strangle her

**estrés** - stress

**estudiaba** - s/he was studying

**estudiaban** - they used to study

**estudiando** - studying

**estudiante(s)** - student(s)

**estudiar** - to study

**estudiaría** - s/he would study

**(que) estudie** - (that) I study

**estudió** - s/he studied

**estudios** - studies

**(como si) estuviera** - (as if) s/he were

**estuvieron** - they were

**evento(s)** - event(s)

**excelencia** - excellency

**excelente** - excellent

**excepcional** - exceptional

**exclamó** - s/he exclaimed

**excusas** - excuses

**exiliados** - exiled

**exiliarse** - to exile

**exilio** - exile

**existían** - they existed

**explicación** - explanation

**explicarle** - to explain to him/her

**explicó** - s/he explained

**(que) expliques** - that you explain

**(que) expulsen** - (that) they expel

# F

**fácil** - easy

**falsos** - false, fake

**familia** - family

**familiar** - family-owned

**familiares** - family members

**familias** - families

**fascinada** - fascinated

**favor** - favor

**favoritas** - favorite

**festival** - festival

**fiesta** - party

**fiestas** - parties

**filosofía** - philosophy

**fin** - end

**final** - end

**finalmente** - finally

**financieros** - financial

**firmeza** - firmness

**física** - physical

**físicos** - physical

**formado** - formed

**formales** - formal

**formalmente** - formally

**frente** - in front

**frustrada** - frustrated

**fue** - s/he, it was; went

**fuera** - outside

**(que) fuera** - (that) s/he was; go

**(que) fueran** - (that) they were

**fueron** - they went

**fuerzas armadas -** armed forces

**funcionó -** it worked

**furia -** fury

**furiosa(s) -** furious

**furioso(s) -** furious

**futuro -** future

# G

**general -** general

**generoso -** generous

**gente -** people

**gobernador -** governor

**gobierno -** government

**gracias -** thank you, thanks

**graduarse -** to graduate

**(se) graduó -** s/he graduated

**gran -** great

**grande(s) -** big

**graves -** grave, severe

**gritando -** yelling, screaming

**gritar -** to yell, to scream

**gritaron -** they yelled

**gritó -** s/he yelled

**grupo(s) -** group(s)

**guardias -** guards

**guau -** wow

**(me) gusta -** I like (it pleases me)

**(le) gustaba -** she liked (it was pleasing him/her)

**(le) gustaban -** they liked (they were pleasing him/her)

**(me) gustan -** I like (they please me)

**(me) gustaría -** I would like (it would please me)

**(te) gustaría -** you would like (it would please you)

**gusto -** pleasure

**(le) gustó -** s/he liked (it pleased him/her)

# H

**haber -** to have

**había -** s/he, it had

**había -** there was; there were

**habían -** they had

**habla -** speak!

**hablaba -** s/he talked

**hablaban -** they talked

**(han) hablado -** (they have) spoken

**hablando** - speaking, talking

**hablar** - to speak, to talk

**hablarían** - they would speak, talk

**hablaron** - they talked, spoke

**hables** - you talk, speak

**habló** - s/he spoke, talked

**hace** - you do

**hace** - he does, you do; ago

**hacer** - to make, to do

**hacerlo** - to do it

**haces** - you do

**hacia** - toward

**hacía** - it made; he did

**hacían** - they made

**haciendo** - doing

**(que) hagamos** - (that) we do

**haitianos** - Haitians

**han** - they have

**haría** - I would do

**hasta** - until

**hay** - there is

**he** - I have

**hemos** - we have

**hermana(s)** - sister(s)

**hermanita** - little sister

**hermano** - brother

**heroísmo** - heroism

**hice** - I did

**hicieron** - they made

**(se) hicieron** - they became

**hija(s)** - daughter(s)

**hijo** - son

**hijos** - sons, children

**historia** - history

**historias** - stories

**hizo** - did, made

**hizo una pregunta** - asked a question

**(se) hizo** - became

**hola** - hello

**hombre** - man

**hombres** - men

**honor** - honor

**honorable** - honorable

**hora(s)** - hour(s)

**horarios** - times

**horror** - horror

**hotel** - hotel

**hoy** - today

**hubo** - there was

**humanitarias** - humanitarian

**humillaciones -** hallucinations

**humilladas -** humiliated

**humillarla -** to humiliate her

# I

**iba -** s/he, it was going; went

**iban -** they went, they were going

**idea -** idea

**ideal(es) -** ideal(s)

**idiota -** idiot

**iglesia -** church

**ilegales -** illegal

**imagino -** I imagine

**impactos -** impacts

**imponer -** to impose

**importa -** matters

**importaba -** mattered

**importante -** important

**incidente -** incident

**inconscientes -** unconscious

**indicados -** indicated

**inexplicablemente -** inexplicably

**información -** information

**informado -** informed

**informar -** to inform

**informarles -** to inform them

**informaron -** they informed

**(que) informen -** (that) you inform

**informó -** s/he informed

**inhumanas -** inhuman

**injusticia(s) -** injustice(s)

**inmediatamente -** immediately

**insistió -** s/he insisted

**insultaban -** they insulted

**insultar -** to insult

**intelectual -** intellectual

**inteligente(s) -** intelligent

**intenciones -** intentions

**intentando -** trying, attempting

**intentó -** s/he, it tried, attempted

**interceptado -** intercepted

**interceptaron -** they intercepted

**intercepten -** intercept

**interesa -** interests

**interesado(s) -** interested

**interesan -** they interest

**internacional(es) -** international

**internado** - boarding school

**interrogaban** - they interrogated

**interrogadas** - interrogated

**interrogado** - interrogated

**interrumpió** - s/he interrupted

**intimidarnos** - to intimidate us

**introducir** - to introduce

**introvertida** - introverted

**inusual** - unusual

**investigar** - to investigate

**invita** - s/he invites

**invitaba** - s/he invited

**invitación** - invitation

**invitados** - invited, guests

**invitando** - inviting

**(que) invitara** - (that) s/he invited

**invitarlas** - to invite them

**invitó** - s/he invited

**ir** - to go

**irse** - to leave

**isla** - island

# J

**jefe** - boss

**juicio** - trial

**justicia** - justice

**justo** - just, fair

**juzgados** - judged

# L

**la** - the; her; it

**las** - the; them

**le** - to him/her/you

**leer** - to read

**leerla** - to read it

**legal** - legal

**leía** - s/he read

**les** - to them; to you

**levantó** - s/he raised, lifted

**leyendo** - reading

**leyó** - s/he read

**liberadas** - released

**liberado** - released

**libertad** - liberty, freedom

**libre** - free

**libro(s)** - book(s)

**líder** - leader

**literatura** - literature

**llamado** - named; called

**(había) llamado** - (s/he had) called

llamar - to call

(te) llamas - you're called, named

(me) llamo - I'm called, named

llamó - it called

(había) llegado - s/he had arrived

llegar - to arrive

llegaron - they arrive

llegó - s/he, it arrived

lloraba - s/he was crying, cried

llorando - crying

llorar - to cry

lloras - you cry

lloren - cry

llover - to rain

lluvia - rain

lo - him, it

localizaron - they located

los - the; them

lucha - fight

luchaba - s/he was fighting

luchando - fighting

lugar - place

lunes - Monday

# M

madre - mother

mal de salud - sick, un- healthy

mala - bad

malo - bad

mamá - mom

manera - way

mano - hand

marcas - marks

mariposas - butterflies

más - more

mataba - he killed

mataban - they killed

(habían) matado - (they had) killed

matando - killing

matar - to kill

mataría - s/he would kill

matarlas - to kill them

matarlos - to kill them

matarnos - to kill us

mataron - they killed

(que) maten - (that) they kill

mátenlas - kill them

mátenlos - kill them

**matrimonio -** matrimony, marriage

**mayo -** May

**me -** to me

**mentales -** mental

**mente -** mind

**mesa -** table

**meses -** months

**me -** (to) me, myself

**mí -** me

**miedo -** fear

**miembros -** members

**mientras -** while

**miles -** thousands

**militar(es) -** military

**minutos -** minutes

**mirando -** looking at

**miraron -** they looked at

**miró -** s/he looked at

**mis -** my

**misa -** mass

**mismas -** same

**momento -** moment

**monstruo -** monster

**monstruoso -** monstrous

**morir -** to die

**motivos -** motives, reasons

**movimiento -** movement

**mucha -** a lot of

**muchas -** many, a lot of

**mucho -** much, a lot; a lot of

**muchos -** many, a lot of

**mucho gusto -** nice to meet you

**muera -** die

**muertas -** dead

**muertos -** dead (people)

**muerte -** death

**mujer -** woman

**mujeres -** women

**murió -** s/he died

**muy -** very

# N

**nación -** nation

**nacional -** national

**naciones -** nations

**nada -** nothing

**nadie -** nobody

**necesario -** necessary

**necesita -** (they; you) need

**necesitaban -** they needed

**necesitamos -** we need

**necesitan -** they need

**necesitas -** you need

**necesito -** I need

**negociar -** to negotiate

**negocio -** business

**nerviosa(s) -** nervous

**nervioso(s) -** nervous

**ni -** nor

**ninguna -** none

**niña(s) -** little girl(s)

**niño(s) -** little boy(s)

**no -** no; not

**noche -** night

**nombre(s) -** name(s)

**normal -** normal

**nos -** (to) us

**nota -** note

**notaron -** they noticed

**notó -** s/he noticed

**novia -** girlfriend

**noviembre -** November

**nuestra(s) -** our

**nuestro(s) -** our

**nunca -** never

# O

**o -** or

**objetivo -** objective

**observaba -** s/he was watching

**obtener -** to obtain, to get

**obtuvieron -** they obtained, they got

**obvio -** obvious

**ocasiones -** occasions

**octubre -** October

**ocurre -** it occurs, happens

**(había) ocurrido -** (it had) happened

**(lo) ocurrido -** what happened

**ocurriendo -** happening

**ocurrió -** it happened

**ocurrir -** to happen

**odia -** s/he hates

**odiaba -** s/he hated

**(que) odiara -** (that) s/he hated

**odio -** hate

**OEA -** Organization of American States

**oficial(es) -** official

**oficiales -** officials

**oficina -** office

**ONU -** United Nations

**opción -** option

**oportunidad -** opportunity

**oportunidades -** opportunities

**opresión -** oppression

**optimista -** optimistic

**orden -** order

**ordena -** you order

**ordenaron -** they ordered

**órdenes -** orders

**ordenó -** s/he ordered

**organizaban -** they organized

**organización -** organization

**organizaciones -** organizations

**otra -** another

**otras -** other; others

**otro -** another; other

**otros -** other; others

# P

**padre -** father

**padres -** parents

**palacio -** palace

**palos -** sticks

**papá -** dad

**papel -** paper

**para -** for

**parte(s) -** part(s)

**participar -** to participate

**(que) participara -** (that) s/he participate

**(que) participaran -** (that) they participate

**participarían -** they would participate

**pasaba -** s/he spent, passed by

**pasaban -** they were passing

**pasado -** past

**(había) pasado -** (s/he had) spent; happened

**pasando -** happening

**pasar -** to spend

**pasaron -** they spent

**pasó -** happened; passed; he spent

**pedirle -** to ask him

**pegando -** hitting

**pegarle -** to hit him

**pegarles -** to hit them

**pegaron -** they hit

**pegó -** s/he hit

**peguen -** hit

**peligroso(s) -** dangerous

**pensaba -** s/he thought

**pensaban -** they thought

**pensando -** thinking

**pensar -** to think

**(que) pensaran -** (that) they thought

**pensarlo -** to think about it

**pensaron -** they thought

**pensó -** s/he thought

**pequeña -** small, little

**pequeño -** small, little

**perdón -** forgiveness, pardon

**perfecto -** perfect

**permiso -** permission

**permitan -** allow, permit

**permite -** allow, permit

**permitieron -** they allowed, permitted

**permitiría -** s/he would allow, permit

**permitirlo -** to allow it, to permit it

**permitirnos -** to allow us

**pero -** but

**persecución -** persecution

**persona(s) -** person(s)

**personal(es) -** personal

**pesos -** pesos

**picnic -** picnic

**(que) pida -** (that) you ask for

**piensa -** you think

**piensas -** you think

**(que) piensen -** (that) they think

**(que) pienses -** (that) you think

**pienso -** I think

**pilotos -** pilots

**plan(es) -** plan(s)

**planearon -** they planned

**poco -** (a) little

**poco a poco -** little by little

**poco después -** a little later

**pocos -** few

**(a los) pocos días -** a few

**podemos -** we can

**poder -** to be able to

**podía -** s/he, I could

**(había) podido -** (s/he had) been able to

**podrán -** they will be able to

**podría -** s/he would be able to

**podrían -** they could

**política(s)** - politics

**políticos** - political

**por** - for

**por todos lados** - everywhere

**porque** - because

**por qué** - why

**porqué** - reason why

**posible** - possible

**precaución** - precaution

**prefiero** - I prefer

**pregunta(s)** - question(s)

**(se) preguntaba** - asked herself, wondered

**pregunto** - I ask

**preguntó** - s/he asked

**preocupada(s)** - worried

**preparado** - prepared; qualified

**presencia** - presence

**presente** - present

**presento** - I present

**presidencial** - presidential

**presidente** - president

**presión** - pressure

**presionaron** - they pressured

**presiones** - pressures

**primaria** - primary, elementary

**primer** - first

**primera(s)** - first

**primo** - cousin

**prisión** - prison

**prisioneras** - prisoner

**prisiones** - prisons

**privilegio** - privilege

**problema(s)** - problem(s)

**profesores** - professors, teachers

**prohibidos** - prohibited

**prometió** - s/he promised

**prometo** - I promise

**pronto** - soon

**protección** - protection

**protegerla** - to protect her

**protestar** - to protest

**protestas** - protests

**psicología** - psychology

**publicando** - publishing

**publicar** - to publish

**pudieran** - they could

**pudo** - s/he could

**puede** - can

**pueden** - they can

**puedo -** I can

**puente -** bridge

**pum -** pow

**pusieron -** they put

**(se) puso -** s/he got; became

# Q

**que -** that

**qué -** what

**queremos -** we want

**querer -** to want

**quería -** s/he wanted

**querían -** they wanted

**(había) querido -** s/he had wanted

**quien(es) -** who

**quién -** who

**quiere -** wants

**quieren -** they want

**quieres -** you want

**quiero -** I want

**quisieran -** they would want

# R

**rápido -** fast, quick

**(había) reaccionado -** s/he had reacted

**realidad -** reality

**realmente -** really

**rebelión -** rebellion

**recibidas -** received

**recibiendo -** receiving

**(que) recibieran -** (that) they receive

**recibieron -** they received

**recibió -** s/he, it received

**recibir -** to receive

**recibirle -** to receive you

**recibirnos -** to receive us

**recomiendo -** I recommend

**régimen -** regime

**región -** region

**(nos) registramos -** we register (ourselves)

**registrarme -** to register

**registrarse -** to register

**registrarte -** to register

**regresar -** to return

**(que) regresaran -** (that) they return

**regresaron -** they returned

**(que) regresen -** (that) they return

**(de) regreso -** returning

**regresó -** s/he returned

**relación -** relationship

**relacionada -** related

**(se) relajó -** s/he relaxed

**religiosos -** religious

**rentaba -** s/he rented

**rentas -** you rent

**(de) repente -** suddenly

**repitió -** s/he repeated

**(se) repitió -** was repeated

**reportes -** reports

**república -** republic

**resistirse -** to resist

**respetar -** to respect

**respeto -** respect

**respetuosamente -** respectfully

**responder -** to respond

**respondió -** s/he responded

**responsable -** repsonsible party

**responsables -** responsible parties

**respuesta -** response

**resto -** rest

**resultado(s) -** result(s)

**retirado -** retired

**reunidos -** reunited

**reunió -** s/he gathered

**reuniones -** meetings, reunions

**reveló -** s/he revealed

**rifles -** rifles

**roca -** rock

**románticamente -** romantically

**rumores -** rumors

# S

**sábados -** Saturdays

**sabemos -** we know

**saben -** they know

**saber -** to know

**sabes -** you know

**sabía -** s/he knew

**sabían -** they knew

**sacrificio -** sacrifice

**salen -** they leave, get out

**salgan -** leave; get out

**salieron -** they left, got out

**salió -** s/he left, got out

**salir -** to leave, get out

**salud -** health

**sanciones -** sanctions

**sarcásticamente -** sarcastically

**sarcástico -** sarcastic

**sé -** I know

**sea -** I am

**sean -** they are

**secretaria -** secretary

**secretario -** secretary

**secretas -** secret

**secreto -** secret

**secundaria -** middle school

**segundo -** second

**seguras -** sure

**seguridad -** security

**seguros -** safe

**sensible -** sensible

**señor -** sir; Mr.

**Señor -** Lord

**señora -** ma'am; Mrs.; lady

**señoras -** ladies

**señores -** gentlemen

**señorita -** Miss

**señoritas -** Misses; young women

**sepárenlos -** separate them

**ser -** to be

**será -** it will be

**sería -** it would be

**serio -** serious

**servidor -** server

**si -** if

**sí -** yes

**(ha) sido -** (s/he has) been

**siempre -** always

**silencio -** silence

**similares -** similar

**sin -** without

**(que) se sintiera -** (that) she feel

**sintió -** s/he felt

**sitio -** place, site

**situación -** situation

**sobre -** about

**social -** social

**sociología -** sociology

**sola -** alone

**soldado(s) -** soldier(s)

**solo -** only; alone

**solución -** solution

**solucionar -** to solve

**sorprendida -** surprised

**sorprendidos -** surprised

**sorpresa -** surprise

**sospecha -** suspicion

**sospechaban -** they suspected

**sospechoso** - suspicious
**soy** - I am
**su** - her; his; their; your
**sufre** - suffers
**sufren** - they suffer
**sufriendo** - suffering
**sufrieron** - they suffered
**sufrimiento** - suffering
**sufriría** - would suffer
**suicidarme** - to die by suicide
**súper** - super
**sus** - her; his; their

# T

**también** - also, too
**tampoco** - neither
**tan** - so
**telegrama** - telegram
**temblando** - trembling
**tenemos** - we have
**tener** - to have
**(que) tengan** - (that) you have
**tengo** - I have
**tenía** - (he, she, I, it) had
**tenían** - they had

**(había) tenido** - (s/he had) had
**teniente** - lieutenant
**terminar** - to finish, to end
**terminó** - finished
**terribles** - terrible
**terror** - terror
**tiempo** - time
**tiene** - has
**tienen** - they had
**tienes** - you have
**tímida** - timid
**tío** - uncle
**tipo** - kind, type
**toda(s)** - all
**todas** - everyone, all of them
**por todas partes** - everywhere
**todavía** - still
**todo** - everything
**todo(s)** - all
**todos** - every; everyone
**por todos lados** - everywhere
**tolerar** - to tolerate
**tomar** - to take
**tomó** - s/he took

**tomó una decisión** - he made a decision

**tono** - tone

**torturados** - tortured

**torturas** - torture

**total** - total

**tragedia** - tragedy

**trampa** - trap

**tranquilizar** - to calm

**tranquilos** - calmed

**transferido** - transferred

**transportarlos** - to transport them

**transportaron** - they transported

**trasladados** - transferred

**triste** - sad

**tristemente** - sadly

**tropas** - troops

**tu(s)** - your

**tú** - you

**tuvieron** - they had

**tuvimos** - we had

**tuviste** - you had

**tuvo** - s/he, you had

# U

**última** - last

**un** - a, an

**una** - a, an; one

**unas** - some, a few

**unidas** - united

**universidad** - university

**universitarios** - university [estudiantes universitarios]

**uno** - one

**unos** - some, a few

**usar** - to use

**usted** - you

**ustedes** - you

# V

**va** - (he, it, she) is going; you are going

**(se) va** - leaves

**vacaciones** - vacation

**valiente** - valiant, brave

**vamos** - we go, let's go

**van** - they are going

**se van** - you go, you leave

**(en) vano** - (in) vain

**varias** - many, various

**varios -** many, various

**vas -** you go

**(que) vaya -** (that) I go

**(que) vayan -** (that) they are going

**se vayan -** you leave

**vecinos -** neighbors

**vehículo -** vehicle

**ven -** they see

**vendedor(es) -** vendor(s), seller(s)

**vengarse -** to get revenge

**ver -** to see

**verdad -** truth

**vez -** time

**vi -** I saw

**viajaba -** s/he was traveling

**víctima(s) -** victim(s)

**vida -** life

**viernes -** Friday

**vieron -** they saw

**vimos -** we saw

**vio -** s/he saw

**violencia -** violence

**violentamente -** violently

**visita -** visit

**(había) visitado -** (s/he had) visited

**visitando -** visiting

**visitar -** to visit

**visitarlas -** to visit them

**visitaron -** they visited

**(que) visiten -** (that) you visit

**(que) visites -** (that) you visit

**visitó -** s/he visited

**(había) visto -** (s/he had) seen

**(que) vivan -** (that they) live

**viven -** they live

**vivía -** s/he lived

**viviendo -** living

**(que) vivieran -** (that) they live

**vivir -** to live

**viviría -** s/he would live

**voy -** I go

**voz -** voice

# Y

**y -** and

**ya -** already

**ya no -** no more, no longer, not anymore

**yo -** I